CHAMBRE SYNDICALE DES INDUSTRIES DIVERSES

RAPPORT

SUR LES

RÉFORMES DE LA LOI DE 1867 SUR LES SOCIÉTÉS

PRÉSENTÉ A LA CHAMBRE SYNDICALE DES INDUSTRIES DIVERSES

AU NOM DE LA COMMISSION SPÉCIALE

PAR M.

ALFRED NEYMARCK

DANS LA SÉANCE DU 10 OCTOBRE 1882

Présidence de

M. L. DUCRET

PARIS

UNION NATIONALE DU COMMERCE ET DE L'INDUSTRIE

10, RUE DE LANCRY.

1882

RAPPORT

SUR LES

RÉFORMES DE LA LOI DE 1867 SUR LES SOCIÉTÉS

PRÉSENTÉ A LA CHAMBRE SYNDICALE DES INDUSTRIES DIVERSES

AU NOM DE LA COMMISSION SPÉCIALE

PAR M.

ALFRED NEYMARCK

DANS LA SÉANCE DU 10 OCTOBRE 1882

Présidence de

M. L. DUCRET

PARIS

UNION NATIONALE DU COMMERCE ET DE L'INDUSTRIE

10, RUE DE LANCRY.

1882

RAPPORT

SUR LES

RÉFORMES DE LA LOI DE 1867 SUR LES SOCIÉTÉS

*Présenté le 10 Octobre 1882 à la Chambre syndicale
des Industries diverses, au nom de la Commission spéciale (1), par* **M. Alfred NEYMARCK,**
l'un des vice-présidents de la Chambre.

———

MESSIEURS,

La Chambre syndicale des Industries diverses, s'est à
différentes reprises, occupée, au cours de ses délibérations,
de la loi de 1867 sur les Sociétés, des lacunes qu'elle présentait et des modifications qu'il semblait nécessaire d'y apporter.

La grande crise qui éclata au mois de janvier dernier et
les graves conséquences financières qu'elle entraîna impri-
mèrent aux réformes unanimement réclamées un tel caractère d'urgence que notre chambre syndicale crut de son devoir d'adresser aussitôt à M. le garde des sceaux, ministre
de la justice, une lettre dans laquelle elle exprimait le vœu
qu'il fût donné communication à toutes les chambres syndi-

---

(1) Cette Commission, nommée par la Chambre présidée par
l'honorable M. Ducret, est composée de MM.: Ch. Limousin,
Mallet, Alfred Neymarck.

cales, ainsi qu'aux chambres de commerce, des résolutions qui devaient être prises par la commission extra-parlementaire récemment constituée par le Gouvernement.

Vous vous proposiez, en effet, Messieurs, de soumettre, de votre côté, cette question si considérable à un examen attentif et la Chambre chargeait plusieurs de ses membres du soin de cette étude spéciale dont les résultats devaient être rassemblés dans un rapport succinct.

C'est ce rapport, dont mes honorables collègues ont bien voulu me confier la rédaction, que j'ai l'honneur de vous présenter aujourd'hui et pour lequel je sollicite votre bienveillante attention.

Et qu'il me soit tout d'abord permis d'exprimer ou plutôt de renouveler un regret. On a vu avec peine, lors de la constitution de la commission extra-parlementaire, que le ministère s'était abstenu d'y faire entrer des représentants autorisés de la banque, du commerce et de l'industrie. Nous nous plaisons à reconnaître que son choix s'est porté sur des jurisconsultes éminents, des hommes de mérite consommés dans la connaissance du droit ; mais nous persistons à croire que la commission ministérielle n'eût pu que gagner beaucoup en recourant aux lumières et à l'expérience d'hommes essentiellement pratiques qui eussent représenté dans son sein les Chambres de commerce et les Chambres syndicales.

Cette exclusion, fâcheuse à tous égards, a immédiatement soulevé la protestation de la Chambre de commerce de Paris, dont l'honorable Président, M. Roy, a été le fidèle et énergique interprète.

L'observation que nous présentons, ici d'une façon tout incidente, n'est pas selon nous inutile. D'autres problèmes du même ordre seront certainement soulevés ; de semblables commissions seront sans nul doute constituées; il faut que l'on reconnaisse la nécessité, en matière commerciale et industrielle, de prendre et de recueillir avec soin les avis des délégués du commerce et de l'industrie. Il n'est point. pour toutes les mesures qui peuvent affecter la pratique constante des affaires, de meilleure source d'information.

Cependant on doit rendre hommage aux efforts de la Commission qui, privée de ce concours précieux, a déployé le zèle le plus louable et examiné les nombreuses solutions qui lui ont été proposées au cours de plus de trente séances tenues du 25 mars au 26 juillet. Il reste à connaître son rapport général dont les conclusions doivent servir de base au projet de loi future.

Toutefois ces conclusions et toutes les décisions de la Commission extra-parlementaire sont d'ores et déjà connues et il vous appartient, Messieurs, de donner votre avis.

I

Conditions nécessaires pour établir un régime des sociétés. — Liberté ou autorisation.

Dans la constitution d'un nouveau régime des sociétés, les préoccupations du législateur et de tous ceux qui élaborent la matière législative, doivent porter sur trois ordres d'idées et de faits qui, tout en étant connexes et étroitement liés l'un à l'autre, se distinguent cependant d'une façon toute naturelle. On a d'abord à examiner tout ce qui concerne la constitution des sociétés ; puis tout ce qui se rapporte à leur vie, à leur fonctionnement ; on a enfin à fixer les responsabilités diverses qui sont encourues lorsque la société a périclité, soit par suite d'erreur grave et de faute lourde, soit par suite de fraudes commises à un moment quelconque de l'existence sociale. Nous suivrons, dans ce rapport, cette marche logique indiquée par la nature même du sujet.

Il faut dire que, dans la discussion de cette grande question, les avis se partagent entre trois opinions tranchées : les uns sont partisans de la restriction complète, du retour pur et simple au régime de l'autorisation et de la tutelle étroite ; d'autres s'accommodent d'une demi liberté et souffriraient volontiers quelque dépendance, une intervention de l'Etat dans des cas définis, une certaine surveillance exercée à propos ; d'autres enfin demandent la liberté illimitée.

Nous avons la conviction que le régime de la liberté est le plus fécond pour l'avenir et la prospérité des sociétés par actions, pour le développement des intérêts économiques du pays pour l'activité et l'extension du mouvement des affaires. Mais cette liberté dont nous parlons est, bien entendu, celle qui s'exerce régulièrement sous la sauvegarde de la loi, « *sub lege libertas* » suivant la belle devise de M. le Procureur Général Dupin, qui s'arrête là où la liberté et les droits d'autrui s'exercent aussi légitimement, qui ne souffre et n'autorise d'atteinte à aucun intérêt et qui, si elle laisse au délit la possibilité de se commettre, ne lui assure, en aucun cas, l'impunité.

Car il est nécessaire de répondre à l'objection de ceux qui s'étonnent qu'en même temps qu'on préconise la liberté, on puisse enfermer cette liberté dans certaines règles.

Lorsqu'un propriétaire veut construire sur son terrain, il peut le faire comme il lui plaît et use pleinement de son droit de propriété. C'est la liberté. Toutefois, les ouvriers qui construisent, les voisins du bâtiment nouveau, tous les passants, ont, eux, le droit de n'être ni menacés, ni empêchés, ni blessés, ni tués par les travaux de ce libre propriétaire. On impose donc à celui-ci, par des règlements plus ou moins stricts, l'obligation de prendre toutes les précautions de nature à ce qu'aucun dommage ne soit porté à autrui.

La liberté de la propriété est-elle violée par de tels règlements ? Assurément non. Pas plus que la liberté des routes n'est compromise par la surveillance des gendarmes ; pas plus que la liberté des mers n'est outragée par la répression de la traite des nègres.

C'est cette liberté pleine et juste que nous demandons pour les sociétés, n'admettant l'intervention de la loi que là où le public ne peut se préserver lui-même, par sa propre vigilance ; nous repoussons donc absolument toute ingérence, toute intrusion de l'Etat dans l'existence des sociétés commerciales qui n'ont point pour objet quelque grand service public.

Cette déclaration de principe formulée, entrons dans le sujet même.

II

De la constitution des sociétés. — Formalités du début.

Les premières réformes auxquelles, disions-nous, le législateur doit s'attacher sont celles qui sont relatives à la constitution des sociétés.

Lorsqu'on recherche dans quelles circonstances et pour quels motifs se sont produits les plus fameux sinistres commerciaux et financiers, on reconnaît promptement qu'ils ont été, pour la plupart, causés par les défectuosités, les irrégularités du début, par les vices originels, ceux contractés par les sociétés dès leur naissance même.

C'est donc faire beaucoup pour les sociétés futures, beaucoup pour le public, d'assurer, dans la mesure du possible, la régularité, la réalité des fondations nouvelles. Ce résultat, qui est le premier à poursuivre, est aussi le plus important de tous.

Est-ce exagérer que de dire que, dans une société anonyme, tout ou presque tout dépend du début, de l'honorabilité des fondateurs, de la sincérité de leurs déclarations, de l'exactitude des constatations, enfin de la bonne foi de tous ceux qui participent dans une mesure quelconque à sa création.

Aussi les plus graves reproches qui aient été élevés contre la législation actuelle portent-ils sur cette période initiale. Et ici, il faut bien l'avouer, le public, qui certes est souvent bien négligent, se trouve réellement exposé, sans défense, à d'inévitables duperies.

Comment, au bout de trois ans, par exemple, un particulier qui achète une action peut-il soupçonner les vices mystérieux et irrémédiables de l'origine? Comment les découvrirait-il? A l'aide de quels renseignements? de quelles informations? Les formalités mêmes de la constitution ne lui offrent aucune sécurité, aucun élément d'appréciation. Un jour, lui, qui pourtant n'a point commis les légèretés des premiers actionnaires, n'a point partagé les entraînements du début, et ne sait rien des premières fraudes, des premiers mensonges, il se trouve en présence d'une société ruinée, épuisée, qui l'a même toujours été et n'a eu qu'une existence apparente. Quand la catastrophe se produit, on reconnaît que tout était illusion dans l'entreprise, que tout y était fictif : fictifs les apports, fictifs les versements, fictifs les actionnaires, fictifs les dividendes.

C'est donc sur ces questions fondamentales, sur les conditions constitutives des Sociétés que l'attention devait se fixer avec persistance. Cette première partie de la tâche était certes la plus difficile car, des solutions adoptées, doivent découler les conséquences les plus heureuses ou les plus redoutables ; c'est la maîtresse pièce de l'œuvre et l'on peut affirmer hardiment que les difficultés rencontrées sur les autres points, sont, à une ou à deux exceptions près, d'une portée bien moindre.

C'est ce qu'a pensé, Messieurs, votre Commission ; c'est ce qu'a reconnu aussi la commission extra-parlementaire constituée par le gouvernement.

III

Division du capital social; coupures d'actions. — Souscription intégrale du capital ; versement du quart. — Actions nominatives jusqu'à complète libération. — De la réalité des versements effectués. — Opinion du rapporteur de la loi de 1867, M. MATHIEU. — Dépôt obligatoire du premier versement. — Publicité pleine et entière. — Les bulletins de souscriptions. — Les Parts de fondateur. — Les actions d'apport. — Le choix du commissaire. — De la nomination obligatoire d'un expert choisi par les Tribunaux. — Ce que devront faire les Commissaires. — Les demi-mesures.

De la responsabilité des souscripteurs primitifs. — Création d'un recueil spécial pour la publication des actes de sociétés. — Déclaration du lieu où les versements sont effectués.

La première solution présentée par la commission-extra parlementaire est relative à la division du capital social : elle propose de conserver la disposition de l'article 1er de la loi de 1867 stipulant que les actions ou coupons d'actions ne peuvent être de moins de 100 fr. quand le capital n'excède pas 200,000 fr. ni de moins de 500 fr. quand il est supérieur à ce chiffre.

Cette mesure ne nous a pas paru libérale ; elle constitue une restriction qu'aucun motif sérieux ne justifie. Elle paraît surannée à une époque où le groupement des petits capitaux est justement considéré comme un stimulant précieux des affaires, un élément puissant d'activité.

Il eût été, croyons-nous, conforme à l'esprit de notre temps et à une saine appréciation des besoins économiques du pays, de laisser ici les particuliers seuls juges de leurs intérêts. On ne saisit pas bien quelle garantie sérieuse cette clause restrictive a jusqu'ici donnée au public et pourra lui donner par la suite. On ne songerait évidemment pas à imposer à un négociant quelconque de limiter son capital, possédé ou emprunté par lui, à tel chiffre plutôt qu'à tel autre ; on ne songerait pas plus à lui interdire de demander des ressources à cent personnes, plutôt qu'à vingt, plutôt qu'à dix. Pourquoi, dès qu'il fonde une société et qu'il cherche des adhérents, intervient-on pour l'empêcher de répartir son capital au mieux de ses intérêts, de le diviser en grosses ou en petites parts, de s'adresser aux gros capitalistes ou aux petits rentiers ? Cette première clause nous paraît avoir un caractère anti-démocratique et nous regrettons qu'elle soit maintenue. Elle a déjà eu et elle aura certainement pour effet d'empêcher la création de sociétés anonymes modestes, limitant leurs ressources à l'étendue de leur objet ; elle paraîtrait plus propre à favoriser la fondation de grandes sociétés pour des objets insignifiants.

La commission ministérielle s'est montrée mieux inspirée en maintenant l'obligation de la souscription intégrale du capital social et du versement du quart sur chacune des actions souscrites. Cette disposition de la législation actuelle

n'avait d'ailleurs prêté qu'à de rares critiques ; la plus sérieuse l'accuse de permettre la constitution de sociétés
n'ayant réellement qu'un faible capital versé, tandis qu'elles
tirent une importance apparente très grande du chiffre élevé
du capital nominal.

Il est certain que, dans ces dernières années, on a vu se
créer un très grand nombre de sociétés avec un capital social, dont, à la vérité, le quart seulement était suffisant pour
faire face aux opérations de l'entreprise. Il y a eu incontestablement excès et abus dans ce sens ; la création de titres
nombreux, libérés seulement du quart, au lieu d'un nombre
restreint de titres entièrement libérés a pu favoriser la spéculation. Le fait n'est pas douteux et votre Commission,
Messieurs, est d'avis que les fondateurs des sociétés devraient
n'user qu'avec modération, et lorsque la nature des opérations sociales le comporte, de cette faculté que la loi leur
accorde et qu'il est, nous le répétons, nécessaire de main-
tenir. Mais on ne saurait, pour éviter un inconvénient
contre lequel, en somme, le public peut se prémunir, re-
noncer aux sérieux avantages d'une clause qui, à de cer-
tains moments, peut permettre de sauver une société
passagèrement en péril, et qui, d'autre part, fournit des
garanties notables aux créanciers et aux tiers qui trai-
tent avec la Société. On comprend, par exemple, qu'une
compagnie d'assurances puisse fonctionner avec succès sans
avoir besoin de réunir tout son capital social ; la part versée
tout d'abord lui suffit en général ; ce qui reste à appeler sert de
garantie aux assurés ; mais, on conçoit aussi que, pour que
cette garantie soit effective et réelle, il est nécessaire que
l'action reste nominative jusqu'à parfaite libération, de telle
sorte qu'on puisse toujours recouvrer le montant du gage
des assurances.

Aussi était-il sage, et c'est ce qu'a fait la commission ex-

tra-parlementaire, d'imposer aux actions la forme nominative jusqu'à ce qu'elles aient été entièrement libérées.

Elle a pris une autre résolution qui ne mérite pas moins
d'approbation en limitant à deux ans après la cession d'un
titre nominatif la responsabilité de celui qui l'aura cédé.
Plusieurs Chambres syndicales appartenant à l'Union nationale avaient réclamé cette réforme ; elle est en effet très
libérale et très sage ; elle aura pour effet immédiat de pré-
venir d'interminables procès tels que ceux que nous avons
vus se dérouler depuis plusieurs années et qu'avait soulevés
l'interprétation de la loi de 1867. Si cette modification, que
depuis plusieurs années nous avons tant de fois demandée,
est définitivement votée, tout souscripteur ou détenteur
d'actions nominatives qui aura vendu ses titres, cessera
d'être responsable des versements à appeler deux ans après
cette vente.

Il est également désirable, disons plus, il est indispensable que, si l'on donne libéralement aux sociétés la faculté de
limiter au quart le premier versement sur le capital social,
on ait la certitude que ce versement a eu réellement lieu,
qu'il a été autre chose qu'un simulacre, une simple exhibi-
tion de valeurs ou d'espèces devant des yeux indifférents.
Le dépôt des fonds dans une caisse publique pendant un certain délai nous semble une garantie des intentions de ceux
qui créent une société. C'est une opinion que nous ne per-
dons pas l'espoir de voir partagée par le législateur, bien que
la commission extra-parlementaire l'ait écartée.

Il y aurait là une négligence grave, une large lacune qui
permettrait à des fraudes cent fois signalées de se reproduire
avec la plus grande facilité.

Si l'on se borne à exiger uniquement, comme sous le régime actuel, la constatation de la souscription du capital et

le versement du quart dans une déclaration notariée avec an-
nonce de la liste des souscripteurs et des versements effectués,
quel contrôle aura-t-on sur ces actes ? Qui garantira que tout
s'est bien passé comme il aura été déclaré et mentionné ? On
n'en aura pour seul garant que la bonne foi présumée des
déclarants et la crainte des responsabilités qu'ils auront
à encourir. Et s'ils sont déloyaux, et s'ils ne les craignent
pas, ces responsabilités ?

Ce vice de la législation actuelle n'avait pas échappé au
rapporteur même de la loi de 1867, l'honorable M. Mathieu,
Il avait dû reconnaître, lui qui possédait à la fois la science
du droit et l'expérience des grandes affaires, que les précautions stipulées par la loi étaient de pure forme et que
les versements étaient fictifs, que le notaire n'avait
pas même à constater la présence du fonds, mais seulement
à donner acte d'une déclaration. Et l'honnête et savant ju-
riste cherchait lui-même à combler le vide de cette législation.

« Serait-il donc si difficile, écrivait-il, de remédier au
« mal, et sans porter atteinte à la liberté, de s'assurer du
« versement effectif du quart, sinon de la sincérité absolue
« de la souscription du capital ? Pourquoi, par exemple, ne
« pas exiger le dépôt du quart versé par les souscripteurs à
« la Banque ou dans toute autre caisse publique et la cons-
« tatation de ce fait par acte notarié ? Sans doute, il y
« aurait présomption seulement et non la preuve certaine de
« la réalité de la souscription. Mais un obstacle aurait été
« mis à la fraude, et une garantie de plus ajoutée à toutes
« celles que présente la loi, le versement du quart, dont le
« dépôt pourrait être prolongé assez longtemps pour défier
« la ruse et rendre impossible toute comédie (1). »

_____

(1) *Des Sociétés par Actions à propos de l'affaire du Crédit Mobilier,*

Rendre la fraude difficile alors qu'on ne peut la rendre mpossible, n'est-ce pas là un résultat très digne de recherche ?

Le moyen le plus efficace, selon beaucoup d'excellents esprits et selon nous, pour moraliser les affaires, pour détourner les Sociétés et ceux qui les fondent de manœuvres coupables, c'est de répandre sur elles des flots de lumière, de les exposer à l'épreuve souveraine de la publicité. Faire en sorte qu'il n'y ait pas, qu'on nous passe l'expression, un seul coin d'une affaire, un seul repli d'une Société, où ne pénètrent le jour et la clarté, tel est sans doute le remède le plus puissant pour conjurer les catastrophes qui font tant de victimes.

Tout ce qui peut contribuer à faire ressortir, en matière d'associations commerciales, la vérité et la bonne foi de ceux qui les dirigent, doit être recherché avec sollicitude. A ce point de vue, nous obtiendrons, pensons-nous, gain de cause sur les *desiderata* que votre commission devait plus particulièrement signaler. La commission ministérielle lui donne d'ailleurs diverses satisfactions qui, sans répondre complètement à nos désirs, doivent cependant être appréciées avec justice.

D'après les solutions que nous passons en revue, tout bulletin de souscription devrait contenir l'indication sommaire de l'objet de la Société, le montant du fonds social ; la partie du capital social représentée par des apports en nature ; la partie du capital à réaliser en numéraire ; les avantages particuliers réservés aux fondateurs.

---

par A. Mathieu, ancien député. Ce travail important, précédé d'une lettre adressée à M. Alfred Neymarck, directeur du *Rentier*, par l'honorable M. Mathieu. a été publiée en 1875 dans le *Rentier* et a paru ensuite en brochure.

Dans cette publicité, rendue obligatoire, les sociétés trouveront cet avantage et cette sûreté, qu'on ne pourra leur reprocher de faire mystère de leurs intentions, des opérations qu'elles se proposent, et de dissimuler ce qu'elles attribuent à des tiers. De leur côté les souscripteurs, mis à même de n'entrer dans une affaire qu'en pleine connaissance de cause, n'auront qu'à s'en prendre à eux-mêmes si, alors que leur vigilance aura été stimulée par ces déclarations, ils ont cru devoir confier leurs capitaux à la Société qui les sollicite.

Cette publicité à l'origine même des Sociétés, au moment où elles font leur premier appel aux capitaux, constitue, à notre avis, la précaution la plus sûre, la garantie la plus sérieuse, sans aucune atteinte, sans aucune restriction à cette liberté que nous désirons.

Là, déjà, apparaît le premier remède aux fraudes tant de fois constatées dans la vérification et l'estimation des apports.

La commission extra-parlementaire nous paraît n'avoir que bien imparfaitement, sur ce point, satisfait aux vœux de l'opinion publique, aux conseils émis par les esprits les moins enclins à l'illusion, enfin aux intérêts des actionnaires.

Mentionnons tout de suite celles des décisions prises sur ce sujet, qui ne soulèvent pas d'objections.

Les avantages consentis aux fondateurs pourraient être représentés par des titres cessibles et négociables. On pourrait émettre des actions correspondant pour partie à des apports en nature. C'est en réalité, la reconnaissance de ces nouveaux titres appelés « *parts de fondateur* » qui, depuis quelques années, jouent un si grand rôle sur notre marché.

Les actions créées en représentation des apports pourraient en vertu des statuts, n'être libérées qu'en partie ;

cette libération partielle pourrait être imputée sur le versement du quart de chaque action nécessaire à la constitution
de la Société, et le cas échéant, sur les versements ulté-
rieurs.

Ces clauses ne font que reconnaître la liberté des contrats
et le droit légitime de toutes les Sociétés de rémunérer
comme il leur convient les concours moraux et matériels
qui leur ont été apportés.

Le fond même de la question n'est pas là il est tout en-
tier dans le mode de vérification des apports et dans la qualité de ceux qui seront chargés de cette importante mission.

Qu'il nous soit permis de rappeler les observations que,
dans un travail spécial, nous présentions au mois de février
dernier sur ce point, vraiment capital, de la question.

Insistant sur le choix du commissaire chargé de vérifier
les apports et les avantages faits aux fondateurs, nous de-
mandions :

« Quelle qualité particulière exige-t-on de lui ?

« Quel caractère et quelle autorité lui donne-t-on ?

« Quelles aptitudes spéciales possède-t-il pour juger de la
valeur commerciale ou industrielle des apports : usine, carrière, mine, compagnie de transports, entreprise maritime,
fonds de commerce, clientèle ou achalandage ?

« Est-ce un homme d'expérience, notoirement compé-
tent, que les administrateurs désignent au choix des actionnaires ou que ceux-ci nomment spontanément. Il n'en
est rien.

« Plus tard, lorsque la société croule, que des procès plus
ou moins utiles s'engagent, il arrive fréquemment que les
tribunaux saisis nomment des experts, autorisés et compé-
tents ceux-ci. Ces experts apprécient à leur tour les apports
suspects et, l'examen accompli, viennent généralement déclarer que ces apports étaient sans valeur ou d'une valeur

tellement minime qu'on n'en devait tenir nul compte.
L'usine était en désarroi, la clientèle absente, la mine était
appauvrie, la carrière épuisée, etc., etc. Bref on apprend, **à
la fin**, ce qu'on eût eu tant d'intérêt à connaître **dès le
début** : que l'affaire ne reposait sur rien, rien en *nature*,
rien en espèces.

« Que ne commence-t-on par une expertise attentive et
sérieuse ?

« Que n'en charge-t-on *obligatoirement* de véritables experts, désignés par un juge quelconque, ou choisis sur une
liste officielle, ayant qualité, caractère et aptitude nécessaires pour évaluer en toute sincérité et en dehors de toute
influence intéressée ?

« Une mesure de ce genre apporterait-elle la moindre
entrave au mouvement et à l'essor des affaires ? Empêche
rait-elle les bonnes de s'effectuer ! Empêcherait elle même
les mauvaises? Certes non. Il y aura éternellement de
mauvaises affaires. Une affaire excellente, d'ailleurs, en
elle-même, mal conduite, mal dirigée, traitée par des mains
inhabiles, peut promptement devenir détestable (1). »

Mais une précaution semblable serait réellement efficace
contre la fraude ; elle empêcherait certainement qu'il ne se
produisît de ses duperies gigantesques où viennent s'englou-
tir des sommes énormes, elle supprimerait du moins
plusieurs de ces causes initiales de ruine que tant de sociétés
constituées dans des conditions semblables portent en elles-
mêmes.

Cette réforme compte de nombreux partisans, dans le
monde des affaires ; elle n'a rien d'anti-libéral ; elle n'en-
traîne ni ingérence de l'Etat, ni intervention étrangère

---

(1) *Les Sociétés anonymes par actions. Quelques Réformes pratiques.*
Par Alfred Neymarck. In-8°, chez Guillaumin et Cⁱᵉ, libraires à Paris.

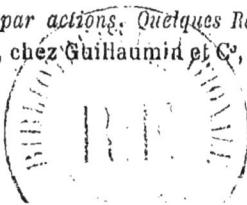

à la société ; elle allégerait d'autant la responsabilité lourde des administrateurs et des commissaires et procurerait pour l'avenir une grande sécurité.

La commission ministérielle l'a cependant repoussée en reconnaissant toutefois, d'une façon bien timide, il est vrai, ce qu'elle présentait d'utile et de vraiment salutaire.

Elle a décidé qu'il n'y avait pas lieu d'adjoindre *obligatoirement* au commissaire des experts nommés par le Tribunal. Elle s'est bornée à proposer que les commissaires soient tenus d'énumérer, dans leur rapport, le détail des apports, d'en justifier l'évaluation et d'y apprécier les avantages particuliers. Elle n'admet l'intervention d'experts que « sur la demande qui en aura été faite par le quart des actionnaires présentés à la seconde assemblée constitutive, » dans ce cas le rapport des commissaires serait soumis à l'appréciation d'un ou de trois experts nommés par le président du Tribunal de Commerce.

Ce sont là des demi-mesures inutiles, des précautions plus apparentes que réelles et dont on ne saurait tirer aucun profit. Nous persistons à croire que l'on reconnaîtra la nécessité d'assurer la réalité et la juste estimation des apports en attribuant le soin de ces constatations à des hommes notoirement et incontestablement aptes à les effectuer.

Ajoutons qu'immédiatement après avoir émis l'avis que nous critiquons, la commission ministérielle revenant en quelque sorte sur ses pas, a déclaré qu' « *il y avait lieu d'étudier un système de garanties répressives pour arrêter les majorations d'apports.* »

Ce n'est pas quand le mal a produit tous ses effets qu'il faut intervenir ; on réprime, on punit, c'est bien, c'est juste ; mais ce qui est vraiment utile, vraiment libéral, c'est d'élever des obstacles contre les fraudes au moment où elles se produisent, au moment où constituant déjà un vé-

ritable délit, elles n'ont pu encore causer de dommages irrémédiables.

Parmi les tentatives de répression imaginées, on a pro-
posé de décider que les actionnaires primitifs qui auraient
fait des apports, resteraient responsables pendant trois ans
à dater du jour de la constitution de la Société et passibles

de dommages-intérêts s'il était établi que la valeur des
apports était inférieure à la moitié de l'évaluation portée
dans les déclarations relatives à l'organisation sociale.

Mesure impuissante, qui n'aurait jamais que des effets
douteux, tardifs, le plus souvent nuls, puisque ceux qu'ils
devaient atteindre auraient pu prendre toutes les précautions nécessaires pour se mettre à l'abri des recherches et
des responsabilités.

Ces observations faites, on approuvera sans réserve le
projet de création d'un recueil spécial destiné à la publication des actes et des délibérations des Sociétés. Ce recueil
aidera au déploiement de cette publicité que nous désirons
aussi complète que possible. Il devra, si le plan en est dressé
avec ordre, clarté et méthode, nécessairement réunir toutes
les pièces de nature à renseigner et à éclairer le public ; les
recherches y devront être faciles, avantage précieux, si l'on
considère quelle peine on éprouve à trouver aujourd'hui les
actes de sociétés dans plusieurs journaux différents. Ce recueil pourra, dans certaines circonstances, être délivré gratuitement aux souscripteurs d'actions et d'obligations. Il
devra, en tout cas, être d'un prix fort réduit et d'une grande
clarté d'exécution.

Enfin nous aurons épuisé la liste des solutions de quelque
importance qui concernent spécialement la constitution des
Sociétés en reconnaissant l'utilité d'ajouter, à la déolaration
relative aux souscriptions et aux versements, une déclara-

tion complémentaire mentionnant le lieu où les versements auront été effectués.

IV

Les mises en vente d'actions. — Formalités nécessaires. — Augmentation du capital social. — Les droits des actionnaires ; ceux des administrateurs. — L'unanimité nécessaire. — La loi des majorités. — M. Mathieu. — Les assemblées ; les actionnaires de passage ; les reporteurs. — Indication obligatoire sur les titres mêmes. — Fonds de prévoyance ; les émissions d'obligations. — De la proportionalité entre le capital-action et les obligations émises. — Interdiction aux Sociétés d'acheter leurs propres actions. — Inefficacité de cette mesure. — Les gouvernements soutiennent les cours de leurs rentes. — Un discours de M. Léon Say. — Les sociétés peuvent racheter leurs obligations. Réunion des obligataires. — Nomination de commissaires. — Les sociétés étrangères en France.

Quoiqu'il advienne des avis émis par la commission au cours de la première partie de sa tâche, et des vœux à la fois plus larges et plus précis que votre commission a exprimés sur les règles qui doivent présider à la formation des Sociétés, nous devons maintenant nous arrêter aux actes qui suivent cette fondation et qui constituent les principaux faits de la vie de ces Sociétés.

Leur fondation et la souscription intégrale de leurs titres a souvent pour conséquence, même à bref délai, une mise en vente publique d'actions effectuée pour le compte d'un ou de plusieurs souscripteurs.

Il a paru nécessaire de fixer les conditions légales dans lesquelles devraient se produire des opérations de ce genre qui, embrassant en général un grand nombre de titres, peuvent avoir une influence considérable sur la situation et le crédit des Sociétés.

Ces mises en vente publiques ont été avec raison assimilées aux souscriptions elles-même, et la commission a reconnu la nécessité de les entourer des mêmes précautions, des mêmes garanties de publicité. Sur ce point, sans doute, nous n'attendons pas de résistance vive et les décisions de la commission ministérielle se rencontrent heureusement avec nos propres désirs. Les affiches, prospectus, insertions, circulaires, bulletins d'achat, devront contenir toutes les mentions obligatoires pour les bulletins de la souscription primitive, indiquer la date de la constitution définitive de la Société enfin le montant par action de la somme restant à verser.

Ces indications sont autant de renseignements utiles aux capitalistes, autant d'appels pour ainsi dire, adressés à leur prudence, à leur réflexion, à leur sagacité. Ainsi éclairés, il leur appartiendra d'apprécier à leur juste valeur les indications que la loi mettra de la sorte à leur disposition.

Dans le même ordre d'idées, l'augmentation, du capital social, qui est comme une nouvelle période dans l'existence de la Société, paraît devoir exiger des mesures identiques à celles prescrites pour le capital originaire. Les actionnaires qui fournissent ce nouveau capital, soit en apports en nature, soit en espèces, doivent recevoir les mêmes garanties qui ont été assurées par la loi aux actionnaires primitifs.

On doit d'ailleurs, en matière d'augmentation de capital, se montrer très libéral et laisser aux Sociétés la plus grande latitude. Les opérations de cette nature leur fournissent les ressources qu'exigent les développements qu'elles ont acquis et qu'elles ne pourraient sans de graves inconvénients demander à un appel de fonds sur les actions partiellement libérées. On a eu, il est vrai, dans ces derniers temps à constater l'abus des augmentations souvent inutiles, uniquement destinées parfois à alimenter la spéculation. Mais ici le remède se trouve dans l'efficacité et l'étendue des droits attribués aux actionnaires, dans les moyens que la loi et leurs propres statuts leur fourniront de résister aux propositions inopportunes, aux pressions intéressées, aux modifications sociales non fondées sur des motifs vraiment décisifs.

Cette question des droits des actionnaires et de la part qui doit leur être attribuée dans l'activité sociale est complexe et présente d'assez sérieuses difficultés.

D'une part il est dangereux autant qu'injuste de laisser les actionnaires désarmés en présence d'administrateurs téméraires, déloyaux, ou simplement incapables et il est de toute nécessité de leur attribuer des droits réels en assurant l'exercice complet de ce droit.

D'autre part il ne faut pas, par un excès de libéralité non moins périlleux, qu'on munisse l'actionnaire de pouvoirs tels que sa seule opposition suffise pour arrêter le mouvement social et condamner la Société d'abord à l'immobilité, puis à la ruine.

C'est ce dernier écueil que n'a pas su éviter la commission extra-parlementaire

Tandis que d'une main elle accordait généreusement aux Sociétés toutes les facilités que celles-ci pouvaient désirer, elles les retirait de l'autre en soumettant les principales modifications qu'une Société peut éprouver à la sanction d'un vote unanime.

Pour augmenter le chiffre du capital social, pour prolonger la durée de la Société, pour changer la quotité de la perte qui rend la dissolution obligatoire, pour décider sa fusion avec une autre Société, pour modifier le partage des bénéfices, on exigerait l'**unanimité**.

On sent tout ce qu'une pareille exigence a d'excessif.
C'est assurément arrêter les abus puisqu'en même temps
cette résolution s'applique aussi bien aux bonnes qu'aux
mauvaises décisions que des sociétés pourraient prendre ;
mais c'est aussi, et le plus souvent, élever un obstacle infran-
chissable à toutes les tentatives utiles, opportunes, fécondes.
Exiger l'*unanimité* c'est constituer une impossibilité presque absolue. L'honorable et regretté M. Mathieu, le rapporteur de la loi de 1867, que nous nous plaisons à citer, l'avait
bien compris.

« Eh quoi ! s'écriait-il, l'unanimité moins une voix aura
jugé que telle modification aux statuts est indispensable,
que de son adoption dépend la vie ou la mort, la prospérité
ou la ruine de la Société ; et la raison voudra que cette voix
dissidente suffise pour tout enrayer, pour tout détruire !....
Ce droit d'un seul, érigé en dogme pour ainsi dire c'est
qu'on le veuille ou non, le triomphe de l'individualisme, de
l'entêtement absurde, du calcul malhonnête, des rivalités
hostiles que toute entreprise rencontre fatalement sur son
chemin.»

Voici donc la question jugée par le savant jurisconsulte.
Quelles facilités, en effet, ne trouverait pas, dans une telle
disposition de la loi, un ennemi de la société, un actionnaire
de passage, qui, sachant que son vote, sa voix, est indispensable, saurait en fixer le prix aux administrateurs, et pourrait si on repoussait ses propositions, faire échouer une
mesure utile aux intérêts de tous ! Bien d'autres qui
font autorité ont condamné l'obligation de l'unanimité
bien qu'il s'agisse réellement d'un nouveau contrat à
conclure lorsqu'on modifie les statuts ou la situation
d'une Société. Le principe du consentement général facile à
appliquer lors de la constitution de la Société a été recon-

nu absolument inapplicable, par la suite, au cours de la durée de cette Société.

Il faut en revenir à la loi des majorités ; mesurer, si l'on veut, la majorité exigible à l'importance de la résolution à prendre, exiger la représentation d'une part plus ou moins étendue du capital social ; mais enfin n'imposer que des choses pratiques

On se montre aussi, croyons-nous, trop disposé à laisser s'introduire dans les assemblées des actionnaires passagers, éphémères, n'ayant aucun lien réel, aucun intérêt commun avec la Société. On pourrait, pour assurer la sincérité des assemblées et la fidèle représentation des actionnaires sérieux, exiger que tous ceux qui doivent prendre part aux assemblées prouvent qu'ils possèdent leurs titres depuis un certain temps. On objecte qu'il appartient aux Sociétés de prendre d'elles-mêmes cette précaution en en faisant l'objet d'une clause spéciale des statuts. Nous pensons qu'il n'y a rien à perdre et beaucoup à gagner à insérer dans la loi une disposition en ce sens. Nous avons expliqué plusieurs fois, soit dans des publications spéciales, soit au sein de notre chambre syndicale, comment l'esprit et le vote d'une assemblée peuvent être faussés, au grand dommage des actionnaires sérieux, par l'intrusion d'actionnaires de rencontre, actionnaires de passage, vraiment fictifs qui, par des combinaisons d'achats et de ventes à terme, se sont assurés le droit d'assister à l'assemblée qu'on se propose d'influencer (1).

---

(1) Rappelons ce que nous écrivions naguère à ce sujet, notamment dans le *Rentier* du 27 mars 1879 dans une étude intitulée « *les Périls de la loi sur les sociétés.* »

Voici, en effet, comment, au moyen des *reports*, on peut assister à une assemblée et y délibérer sans avoir aucun intérêt dans l'affaire.

Une assemblée d'actionnaires se réunit en avril.

Nous appelons, Messieurs, votre attention, sur ce point, d'une importance majeure puisque c'est des résolutions prises par l'assemblée que dépendent les destinées de la Société.

Il est également nécessaire que les actionnaires trouvent sur leurs titres toutes les indications générales relatives à la Société elle-même. La commission extra-parlementaire a

---

Pour en faire partie il faut déposer ses titres au siége social au mois de janvier ou de février.

En décembre: j'achète 100 actions de la Société X*** au comptant;

En décembre le même jour de mon achat au comptant.

Je vends immédiatement 100 actions de ladite Société X*** fin courant.

Je prends livraison de 100 actions achetées au comptant; je dépose ces titres au siège social pour assister à l'assemblée.

Lors de la liquidation de fin décembre, ne pouvant livrer les 100 actions de la Société X*** vendues, je donne l'ordre à mon agent de les reporter jusqu'au jour où je pourrai les lui livrer.

Mon agent continue mon opération pendant les mois de janvier février, mars, avril.

L'assemblée a lieu en avril; aussitôt après l'assemblée, les actions déposées en mon nom me sont rendues.

En liquidation d'avril, je livre purement et simplement mes actions vendues fin courant, en prenant celles que j'avais déposées pour assister à l'assemblée.

Conséquence.

J'ai assisté à une assemblée comme actionnaire; j'ai délibéré et voté, en cette qualité, et comme porteur de titres :

La même quantité de titres qui me servait pour assister à l'assemblée, était vendue, le jour même en liquidation :

Actionnaire de passage ou pour mieux dire actionnaire fictif, dégagé de tous les intérêts de la Société, j'ai pu, par mon vote, exercer une certaine influence sur le présent et l'avenir de cette Société.

partagé cet avis et a pensé, avec nous, que les actions pro-
visoires ou définitives, devront contenir des mentions analogues à celles qui auront été portées sur les bulletins de
souscription. Tout ce qui peut apporter plus de clarté dans
la situation d'une Société et dans l'esprit des porteurs de
titres doit être considéré comme excellent.

Il serait évidemment désirable que toutes les Sociétés
anonymes fussent pourvues d'un fonds de prévoyance cons-
titué au moyen de prélèvements sur les bénéfices ; mais on
a pu trouver excessif de faire de cette précaution utile une
obligation stricte et nous reconnaissons volontiers qu'une
telle mesure peut être laissée à l'initiative des Sociétés et
des intéressés.

Mais il serait prudent de ne pas laisser aux Sociétés la
faculté d'émettre des obligations en grand nombre avant
l'entière libération des actions ; au moins eût-il été sage
et prévoyant de fixer une proportion entre le capital-actions
et le capital-obligations de telle sorte que celui-ci ne dé-
passe pas démesurément la valeur présumée des garanties
qui lui sont attribuées. Nous espérons, qu'au cours de la
discussion législative, on reviendra sur l'avis émis par la
commission extra-parlementaire qui s'est prononcée contre
nos vœux.

Après s'être montrée si facile sur ces points, cette commission s'est montrée fort rigoureuse pour les Sociétés en leur
interdisant l'achat de leurs propres actions. Nous ne mécon-
naissons pas la valeur et la portée des motifs d'ordre élevé
qui paraissent justifier une semblable restriction. On sent
vivement combien la morale et la bonne foi ont à souffrir
des spéculations auxquelles certaines Sociétés peuvent se
livrer sur leurs propres titres et nous sommes convaincus
de l'excellence des intentions et des sentiments qui inspirent

l'interdiction proposée. Malheureusement il n'est que trop certain qu'au point de vue moral cette mesure est impuissante, inefficace, qu'au point de vue purement financier elle est inapplicable, qu'enfin, dans des cas qui se présentent fréquemment, elle serait plutôt funeste aux Sociétés.

Nous ne voyons pas par quels moyens on pourrait empêcher une Société d'acheter de ses titres pour son propre compte. Si elle ne le fait pas ouvertement elle-même, elle le fera faire au nom d'un ou plusieurs de ses administrateurs, elle en chargera des tiers. Où, à quel moment, surprendra-t-on, constatera-t-on, cette manœuvre ? Restriction et répression seront à la fois inutiles et impossibles à exercer.

Bien plus, nous le répétons, si cette interdiction devait être efficace, si elle devait-être observée, elle aurait souvent des conséquences désastreuses.

Comment en effet les Sociétés se défendraient elles contre les intrigues, contre les manœuvres et les combinaisons qui parfois menacent leur crédit ?

On imagine facilement l'ardeur de la concurrence que peuvent se faire, dans une même contrée et pour une même industrie, deux usines par exemple. Chacune des deux entreprises désire naturellement l'emporter sur sa rivale, obtenir les plus grandes commandes, passer les marchés les plus considérables. L'une d'elles trouve habile et profitable de jeter la déconsidération et le discrédit sur son antagoniste ; par des opérations de Bourse faciles à conduire elle détermine une dépréciation violente sur les actions de l'usine concurrente. Que feront les directeurs, les administrateurs de cette dernière ? Comment sauver la réputation de leur entreprise, son crédit, son influence ? Comment persuaderont-ils qu'elle n'a pas cessé d'être prospère, solvable, quand chaque jour les cours officiels de la Bourse indiquent une nouvelle dépréciation de leurs titres ? Ce ne sera sans doute pas avec des discours, avec des paroles ? Non, ils n'ont qu'un seul moyen à leur disposition : soutenir les cours en rachetant des actions.

Il est des cas où la résistance, le salut même, pour une Société, ne sont possibles que grâce à ce procédé, qui a bien sans doute le caractère d'un expédient, mais qui est, en pareille circonstance, le seul moyen défensif dont les Sociétés puissent disposer. Il doit paraître vraiment draconien d'interdire à un des deux adversaires le rachat des actions, alors que l'autre peut se livrer librement aux manœuvres les plus dangereuses et les plus condamnables.

Comment d'ailleurs empêcher les Sociétés de soutenir les cours de leurs actions dans un temps où, de l'aveu même des hommes d'Etat, les gouvernements sont obligés de soutenir les cours de leurs propres rentes ?

Nous invoquerons à cet égard le témoignage éloquent de M. Léon Say. Voici comment, il y a deux ans, le 30 septembre 1880, dans son discours à l'inauguration de la statue de M. Thiers à St-Germain, il conte un épisode financier qui ne laisse pas d'être piquant :

« C'était quelques jours avant mon entrée aux affaires ;
« mon ami M. Teisserenc de Bort faisait à ce moment l'in-
« térim du ministère des finances ; il reçut du Chef de
« l'Etat pour instructions d'intervenir au besoin, mais de
« n'intervenir que si, malgré une hausse dans le taux de
« l'intérêt, les capitaux privés étaient insuffisants pour con-
« tinuer les opérations engagées. La limite du taux au-delà
« duquel ou devait agir était resté un secret entre M. Thiers
« et son fidèle collaborateur. M. de Teisserenc de Bort m'a
« raconté avec quelle anxiété il attendait dans une maison
« voisine de la Bourse qu'on lui fît connaître les cours du

« report, c'est-à-dire le taux de l'intérêt. Mais le simple
« bruit qui s'était répandu d'une intervention probable avait
« produit son effet ; quand le taux de l'intérêt atteignit une
« hauteur convenable, les capitaux privés craignant, par
« une attente plus prolongée, de faire surgir la concurrence
« du Trésor, se présentèrent en masse. »

Eh bien puisque ces procédés paraissent légitimes et
profitables aux gouvernements et aux hommes d'Etat, pourquoi n'en pas laisser user et profiter les Sociétés ? Formuler
une disposition que l'on sait pertinemment devoir être violée
c'est compromettre sans nécessité et par plaisir la dignité
même de la loi.

Ce que nous venons de dire est absolument applicable à
la pratique courante des reports.

Pour être complet ajoutons que l'interdiction que l'on
propose ne s'étendrait pas aux obligations ; il eût été en effet
étrange qu'on empêchât le rachat des créances. Et, du reste,
des sociétés peuvent se trouver dans la nécessité de soutenir
les cours de leurs obligations, de même que d'autres, comme
on l'a vu plus haut, peuvent avoir besoin d'empêcher la dépréciation de leurs actions.

Des questions saillantes que comporte l'étude des réformes de la loi de 1867, il reste à élucider celle qui a pour
objet les droits des obligataires.

Nous avons demandé avec énergie que ces droits ne res-
tassent pas illusoires et que tout en maintenant la distinc-
tion qu'il faut faire entre des associés et des créanciers, les
intérêts des porteurs d'obligations pussent être représentés
et défendus.

Les solutions préconisées par la commission extra-
parlementaire, sans nous satisfaire complètement, réali-

seraient cependant un progrès marqué dont on pourrait, jusqu'à nouvel ordre, se contenter.

Les obligataires pourraient s'assembler, à leur propre diligence, et nommer des mandataires qui les représenteraient. Mais il ne s'agit là que d'une réunion spontanée. La Société, elle, ne serait tenue de convoquer une assemblée des porteurs d'obligations que lorsque cette convocation aurait été formellement stipulée parmi les conditions de l'emprunt ; en tout autre cas, les obligataires ne pourraient exiger que la Société les réunît. Ils auraient seulement la faculté, — et du reste, est-ce qu'ils ne la possèdent pas toujours en vertu du droit civil et sans limitation de nombre — si, dans une réunion libre, ils représentent le vingtième au moins du montant d'une série d'obligations, de constituer des mandataires pour soutenir leurs intérêts devant les tribunaux.

Lorsque les obligataires auront été officiellement convoqués par la Société, conformément aux conditions de l'Emprunt, ils pourront, dans cette assemblée, nommer des commissaires qui, sans jamais avoir à s'immiscer dans la gestion sociale, auraient droit aux mêmes communications, informations, délivrances de pièces que les actionnaires et assisteraient aux assemblées générales de ces derniers, mais sans voix délibérative ni consultative. Enfin ces commissaires pourraient provoquer soit avec soit sans le concours des Sociétés des assemblées d'obligataires.

Ces dispositions, qui ont un caractère vraiment libéral, ne sont pas, nous le répétons, complètement suffisantes et l'on pourrait, croyons-nous, tout en préservant les sociétés d'ingérences gênantes, accorder aux obligataires une plus grande sécurité sur le sort des capitaux considérables qu'ils fournissent aux affaires, ainsi que sur les garanties qui leur ont été attribuées.

Nous n'insisterons pas sur les dispositions à prendre à l'égard des Sociétés étrangères qui font des affaires en France, y effectuent des émissions. Elles doivent trouver libre accès sur notre marché lorsqu'elles se sont conformées à toutes les prescriptions légales auxquelles sont assujetties les Sociétés françaises ; elles devront se présenter dans les mêmes conditions de constitution, d'organisation et de publicité ; enfin leurs émissions seront astreintes aux mêmes règles que les émissions françaises.

V

Les responsabilités. — Celles qui sont nécessaires. — De l'abus des nullités et des responsabilités dans les sociétés par actions. — Opinion de M. A. Vavasseur.

Après avoir fixé les conditions dans lesquelles les Sociétés doivent naître et se constituer, puis celles de leur vie normale et de leur fonctionnement, le législateur doit aux dispositions qu'il a cru devoir introduire dans la loi une sanction qui laisse aux coupables ou à ceux qui sont sur le point de le devenir le moindre espoir possible d'impunité. Les responsabilités civiles ou pénales doivent donc avoir un caractère pratique si évident que les hommes de mauvaise foi et les gens sans scrupule soient contenus par la quasi-certitude d'être tôt ou tard atteints soit dans leur fortune mal acquise soit dans leur liberté.

Cette question des responsabilités est fort délicate ; elle est essentiellement une question de mesure. Il faut qu'elles soient réelles, qu'elles puissent être utilement établies et à temps, qu'elles soient réparatrices, c'est-à-dire qu'elles fournissent aux victimes des compensations sinon complètes, du moins aussi larges que possible.

Mais il faut se garder de l'excès contraire et ne pas rendre inaccessibles aux honnêtes gens les hautes fonctions dans les Sociétés. On arriverait ainsi à un résultat diamétralement opposé à celui qu'on se propose en ce moment. Le jour où les hommes de mérite, d'expérience, entourés de considération et de respect, trouveraient les positions importantes, auxquelles leurs talents les désignent naturellement, trop périlleuses, trop hérissées de menaces, d'écueils et de récifs dangereux, le recrutement du haut personnel des Sociétés deviendrait impossible ; au lieu d'assurer la moralité des Sociétés on aurait précisément mis obstacle à leur saine constitution et à leur fonctionnement régulier. Il ne se rencontrerait plus pour entrer dans les conseils d'administration que les hommes prêts à tout faire et à tout subir.

C'est là un danger grave que votre commission vous signale, que n'a pas suffisamment eu en vue la commission extra-parlementaire et que depuis longtemps déjà un des membres les plus autorisés et les plus éminents de cette commission, l'honorable M. Vavasseur, a indiqué dans des études remarquables :

« Il ne faut pas voir, disait-il, dans tous les fondateurs de
« sociétés, dans tous les administrateurs, dans tous les fi-
« nanciers, les amateurs de majorations, des manieurs d'ar-
« gent, des coureurs de primes, financiers marrons, tar-
« tuffes de prospectus, marchands d'actions cherchant à
« débiter fort cher une marchandise qui ne leur a rien
« coûté, des hommes dont le dernier souci est l'exercice
« honorable d'un commerce ou d'une industrie.

« Tout beau, ce portrait, poussé au noir, n'est pas, Dieu
« merci, celui de tous les fondateurs de sociétés, et votre

« tort est précisément celui de confondre le bon grain avec
« l'ivraie, de traiter sur un pied d'égalité tout à fait inique,
« l'honnête homme et le fripon ; en pesant leurs actes dans
« la même balance, votre loi inflexible est dure, ne permet
« pas qu'on mette dans l'un des plateaux, l'intention, qui en
« tout et partout, doit être le critérium suprême de toutes
« les actions humaines. » (1)

Nous pensons que le nombre des responsabilités doit être
restreint et qu'on doit n'édicter que celles qui, mesurées à
la gravité de la faute commise, auront un effet certain.
Il vaut mieux, aussi, à notre avis, limiter la durée
des responsabilités. Après un délai trop long, elles sont
sans effet, sans objet : les coupables bien avisés se sont
mis en mesure de s'y soustraire et d'échapper à leurs conséquences.

Si grave que paraisse, au premier aspect cette question
des responsabilités, nous estimons qu'une rédaction très
précise, très claire des préliminaires et des principales
clauses de la loi en atténuera beaucoup les difficultés pratiques.

Il est certain qu'une définition exacte, serrée, des
irrégularités et des fraudes, et la rigueur tutélaire de
toutes les dispositions relatives à la publicité qui doit entourer les principaux actes des Sociétés, rendront les délits
plus rares, les irrégularités moins dangereuses, enfin plus
difficiles aussi les entraînements que subissent les actionnaires, qu'ils attribuent souvent avec raison à leur igno-
rance, mais dont ils seront mal venus à se plaindre le jour
où ils pourront se renseigner suffisamment par eux-mêmes.

Quant aux responsabilités pénales, nous ne croyons pas

---

(1) Voir le *Droit du* 18 Juin 1881. Variétés. Sociétés par actions : De
l'abus des nullités et des responsabilités, par A. Vavasseur.

devoir nous y arrêter ; il n'y a pas là de difficultés sérieuses. En rapprochant les fraudes et les délits auxquels donnent lieu la création et l'administration des Sociétés anonymes des fraudes et des délits analogues prévus et punis par le Code Pénal, on aura la juste mesure des peines que doivent encourir les coupables.

Telles sont les principales observations que votre Commission a cru devoir présenter à votre examen et qu'elle a bien voulu me charger de rassembler dans ce travail que je me suis efforcé de rendre à la fois aussi complet et aussi rapide qu'il m'était possible.

Il nous reste maintenant à résumer à grands traits les résultats des délibérations de votre Commission.

VI

Propositions formulées par la commission nommée par la chambre syndicale des Industries diverses.

La Commission chargée par la Chambre syndicale des Industries Diverses d'étudier les réformes que réclame la loi de 1867 a conclu en faveur des propositions suivantes :

1o Laisser aux Sociétés, quel que soit leur capital social, la liberté de fixer le montant nominal des actions qu'elles créent.

2o Obligation de la souscription intégrale du capital social avec versement du quart dûment constaté. Dépôt de ce versement dans une caisse publique pendant un certain délai.

3o Les actions resteront nominatives jusqu'à parfaite libération. La responsabilité des porteurs de ces actions sera limitée à deux années à dater du jour de la cession qu'ils en auront faite.

4º Rendre obligatoires pour les Sociétés dans toutes les publications qui émanent d'elles la mention très apparente des principaux renseignements qui doivent être sans cesse sous les yeux du public.

5º Assurer la publicité la plus complète des actes fondamentaux des Sociétés, et de tous les documents dont la connaissance est indispensable aux actionnaires. Les actionnaires recevront ces communications gratuitement ou tout au moins pourront se procurer à très bas prix les publications qui les contiendront. Prescrire également une très grande publicité pour la publication des bilans.

Toutes les Sociétés anonymes, que leurs actions soient *cotées ou non cotées* à la Bourse de Paris, devraient être astreintes à la publication *mensuelle* de leurs bilans.

Cette obligation devrait être imposée à **toutes** les Sociétés, *françaises ou étrangères, à partir du jour où leurs titres auraient été admis aux négociations de la Bourse de Paris.*

Les bilans *mensuels* publiés par ces Sociétés devraient être plus détaillés, plus clairs, en ce qui concerne particulièrement la composition du portefeuille social.

Les falsifications, énonciations fausses, dans les bilans de Sociétés et dans les inventaires prescrits par la loi, l'intention qui les aurait inspirées et l'usage qui en serait fait, devraient être assimilés aux faux et à l'usage de faux en matière de commerce, et punis, comme tels, des peines portées au Code pénal.

6º Confier obligatoirement la vérification des apports à des experts désignés par le tribunal ou choisis sur une liste dressée par lui à l'avance. Ces experts assisteront les commissaires sociaux. Mention des apports en espèces et en nature sur les bulletins de souscription et les principales pièces émanant de la société.

7° Soumettre les mises en vente publique d'actions aux mêmes conditions que les souscriptions primitives.

8° Laisser aux sociétés la facilité d'augmenter leur capital social même quand ce capital n'a pas été entièrement versé ; mais entourer cette opération de toutes les formalités exigées pour la formation du capital primitif.

9° Ne point faire dépendre les opérations d'augmentation et de réduction, non plus que les autres modifications statutaires d'un vote pris à *l'unanimité*. Fixer une majorité suffisante et la représentation d'une large part du capital social.

10° Étendre dans de justes limites les droits des actionnaires et surtout en rendre l'exercice réel. Dans ce but prendre les mesures nécessaires pour éliminer des assemblées les actionnaires fictifs et absolument passagers.

Tout actionnaire, fût-il porteur d'une seule action, doit avoir le droit d'assister et de voter dans les assemblées ;

Si les statuts accordent plusieurs voix aux possesseurs d'un grand nombre de titres, il devrait être stipulé que le même actionnaire ne pourrait avoir un nombre de voix supérieur à dix ;

A l'effet d'éviter que les actionnaires fictifs les actionnaires de passage, les *reporteurs* puissent se glisser dans une assemblée et y délibérer, il faudrait interdire tout droit de vote à qui ne justifierait pas de la possession de ses actions depuis six mois au moins, et ne déclarerait pas ne pas les avoir vendues à terme, livrables après l'assemblée.

11° Fixation d'une proportion entre le capital-obligations et le capital-actions. Même publicité et même garantie pour les émissions d'obligations que pour les émissions d'actions.

12° Déclarer qu'il n'y a pas lieu d'introduire dans la loi une disposition relative aux rachats d'actions par les sociétés. Même observation pour les reports.

13° Assurer aux obligataires une représentation régulière auprès de la société, sans que leurs délégués puissent s'immiscer dans la gestion. Contrôle suffisant de l'emploi réel des capitaux résultant d'émissions d'obligations.

14° Renfermer dans de justes limites les responsabilités à imposer aux administrateurs, directeurs, gérants et commissaires.

15° Ne point rendre les responsabilités vaines en leur donnant une durée trop étendue.

En vous soumettant ces propositions, la commission a la confiance d'avoir rempli avec soin la tâche que vous lui aviez confiée et d'avoir répondu aux désirs que vous aviez exprimés.

J'ai l'honneur, Messieurs, de déposer, au nom de votre Commission, ce rapport sur le bureau de la Chambre.

Paris, le 7 octobre 1882.

ALFRED NEYMARCK.

Amiens. — Imp A. DOUILLET et Cie, rue du Logis-du-Roi, 13.

AMIENS

IMPRIMERIE A. DOUILLET & C

Rue du Logis du-Roi, 13.

www.ingramcontent.com/pod-product-compliance
Lightning Source LLC
Chambersburg PA
CBHW060459210326
41520CB00015B/4023